A catalogue record for this work is available from the National Library of Australia.

ISBN 9781923175013

Sneaky Press is the imprint of Sneaky Universe.
www.sneakyuniverse.com
First published in 2023

Sneaky Press
Melbourne, Australia.

O Livro de Fatos Aleatórios sobre o Sono

Sneaky Press

Conteúdo

Por que dormimos

Todos precisamos dormir (os nossos corpos acabarão por desligar ou dormir, quer queiramos ou não), mas os pesquisadores ainda não têm 100% de certeza sobre o porquê.

Existem 2 teorias principais - teoria da restauração e teoria evolutiva.

O sono NREM é considerado importante para restaurar e reparar o corpo, incluindo crescimento físico, reparo de tecidos e recuperação, especialmente durante os estágios 3 e 4 do NREM, quando o cérebro está menos ativo.

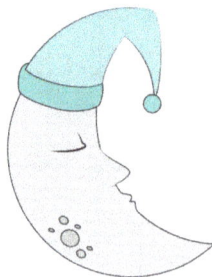

A teoria da restauração sugere que o sono oferece tempo para nos ajudar a nosrecuperar das atividades durante o período em que usamos os recursos físicos e mentais do corpo.

A teoria da restauração sugere que o sono NREM e REM tendem a ter diferentes efeitos restauradores.

Acredita-se que o sono REM possa ajudar na formação de novas memórias.

A teoria evolutiva sugere que a razão pela qual dormimos é impedir que nossa espécie se extinga e aumente nossa sobrevivência.

A teoria é que o sono evoluiu para aumentar nossa sobrevivência como espécie, protegendo-nos porque nos torna inativos durante a parte do dia em que é mais perigosonos movimentarmos.

De acordo com esta teoria, quando uma pessoa (ou animal) satisfaz suas necessidades de sobrevivência, como comer, beber, cuidar de seus filhos e reproduzir, deve passar o resto do tempo economizando energia, escondida eprotegida de predadores.

Enquanto estamos dormindo, não estamos interagindo com o ambiente e, portanto, temos menor propensão a atrair a atenção de possíveis predadores e entrar em situações perigosas.

Os estágios do sono

Durante uma noite típica, passamos por dois tipos diferentes de sono - sono NREM (movimento não rápido dos olhos) e sono REM (movimento rápido dos olhos).

Existem 4 estágios do sono NREM.

Passamos cerca de 3/4 do nosso tempo total de sono no sono NREM.

São necessários cerca de de 45 a 60 minutos para progredir através do primeiro ciclo de sono NREM do estágio 1 ao estágio 4 antes de voltarmos progressivamente pelos estágios 3 e 2 para o sono REM.

Cada estágio do sonotem um padrão de atividade singular nas ondas cerebrais.

A duração média de um ciclo completo de sono NREM-REM é de cerca de 90 minutos.

À medida que a noite avança, temos mais sono REM.

Fatos sobre o Estágio 1 do NREM

A maioria das pessoas entra no sono pelo Estágio 1 do NREM.

O ponto em que adormecemos é chamado de Início do Sono.

O Estágio 1 do NREM é indicado pelo corpo através da diminuição da frequência cardíaca, respiração, temperatura corporal e os músculos começam a relaxar.

Conforme adormecemos, perdemos gradualmente a consciência de nós mesmos e do nosso que está à nossa volta.

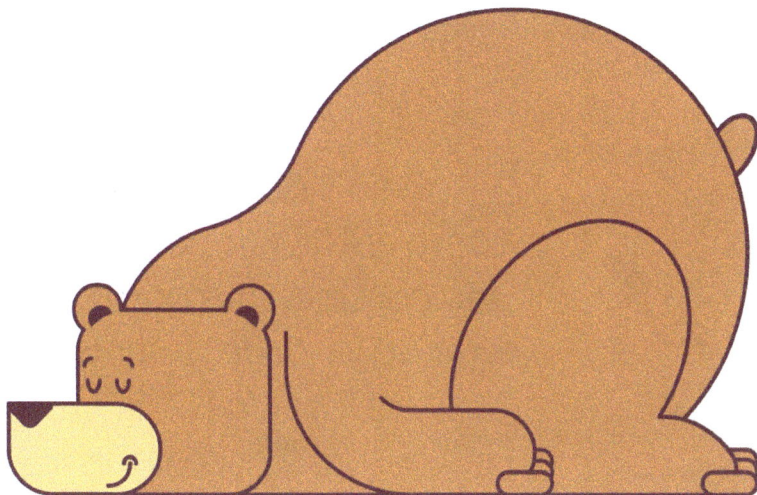

O Estágio 1 do NREM representa cerca de 4 ou 5% do tempo total de sono.

Podemos ser facilmente acordados durante o estágio 1 pelo som e pelo toque, por exemplo, um telefone tocando ou quando sentimos o coberto sobre o corpo.

Se formos acordados durante o estágio 1, podemos-nos sentir como se não tivéssemos dormido nada.

Fatos sobre o Estágio 2 do NREM

O Estágio 2 do NREM é o ponto em que as pessoas são consideradas como estando verdadeiramente adormecidas.

O estágio 2 do NREM é um sono leve, então quem dorme no estágio 2 tem menor propensão para ser perturbado do que no estágio 1. O telefone precisa tocar alto ou uma porta precisa ser batida com **força** para acordar alguém desse estágio.

Se for acordada na primeira metade deste estágio, a maioria das pessoas relata que não achava estar dormindo, mas apenas cochilando ou pensando.

Aproximadamente no ponto intermédio do Estágio 2 do NREM, as pessoas dificilmente respondem a qualquer coisa, exceto ruído ou um toque extremamente forte ou alto - talvez ser sacudido!

Passamos cerca de metade do nosso tempo total de sono a cada noite no Estágio 2 do REM.

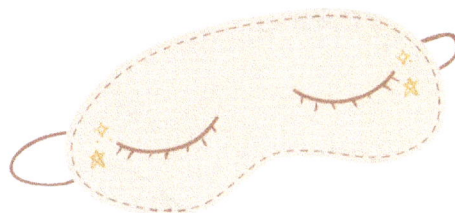

Quando alguém entra no Estágio 2 pela primeira vez, passará entre 10 e 25 minutos nele. Isso vai aumentando com cada ciclo sucessivo.

Fatos sobre o Estágio 3 do NREM

O Estágio 3 do NREM é considerado o início do sono profundo.

Passamos menos de 10% do nosso tempo total de sono no Estágio 3 do NREM.

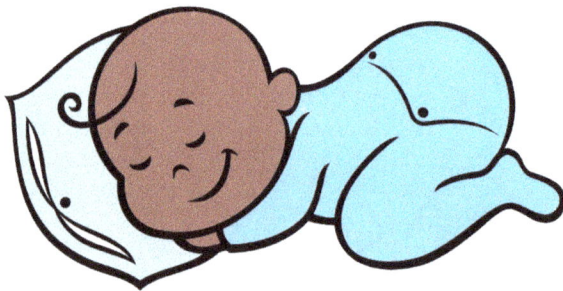

Pode não haver sono NREM de estágio 3 durante a segunda metade da noite.

No Estágio 3 do NREM, estamos extremamente relaxados e nos tornamos ainda menos propensos a responder ao ruído.

É difícil acordar alguém do estágio 3 do NREM.

Se uma pessoa for acordada, ela se sentirá desorientada, incapaz de pensar claramente.

Fatos sobre o Estágio 4 do NREM

O Estágio 4 é o mais profundo do sono.

No Estágio 4 do NREM, nosso corpo está completamente relaxado e mal nos movemos. A frequência cardíaca, pressão arterial e temperatura corporal estão em seus níveis mais baixos.

É muito difícil acordar alguém do Estágio 4 do NREM.

Se alguém for acordado do Estágio 4 do NREM, precisará de alguns minutos para se orientar.

À medida que a noite avança, o tempo gasto no estágio 4 do NREM diminui e até mesmo para de ocorrer.

Uma pessoa pode passar entre 20 a 40 minutos no estágio 4 do NREM no primeiro ciclo de sono.

No geral, passamos cerca de 10-15% do nosso tempo de sono no Estágio 4 do NREM em uma noite típica.

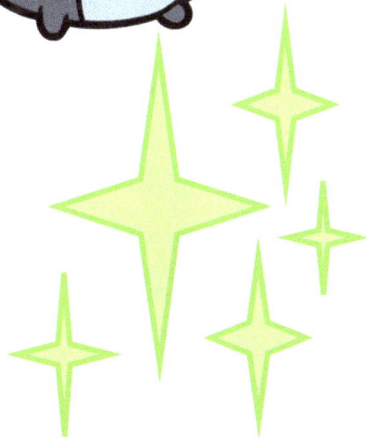

Fatos sobre o sono REM

Passamos aproximadamente 20-25% do nosso tempo total de sono no estado REM.

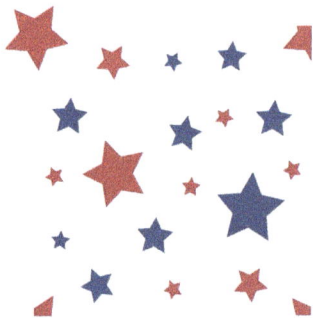

O primeiro estágio REM pode durar apenas de 1 a 5 minutos, o segundo cerca de 12-15 minutos, o terceiro cerca de 20-25 minutos e assim por diante.

No sono REM, o padrão de ondas cerebrais é semelhante ao produzido quab do estamos acordados, mas quem dorme parece completamente relaxado.

A maioria dos sonhos ocorre durante o sono REM.

A maioria das pessoas sonha algumas vezes por noite, mesmo que não consiga lembrar de seus sonhos.

À medida que a noite avança, o tempo no sono REM aumenta e fica mais próximo.

O sono REM é caracterizado por explosões espontâneas de movimentos rápidos durante os quais os globos oculares se movimente rapidamente sob as pálpebras fechadas, para os lados e para cima e para baixo.

Fatos aleatórios sobre distúrbios

Sonhamos durante o sono REM e não REM.

Os sonhos durante o sono REM geralmente são mais estranhos do que os que temos durante o sono não REM, que tendem a ser repetitivos.

Hoje em dia, cerca de 10% das pessoas sonham em preto e branco - o resto de sonha em cores. Antes da televisão a cores, apenas 15% daspessoas tinham coloridos.

As mulheres sonham igualmente com homens e mulheres, enquanto os homens sonham com outros homens 70% do tempo.

Os sonhos são difíceis de lembrar. Você esquece cerca de metade 5 minutos após acordar e esquece cerca de 90% após outros 5 minutos.

Os humanos passam cerca de 6 anos da vida sonhando.

Você não pode sonhar com rostos que ainda não viu.

Factos Aleatórios sobre Distúrbios do Sono

Existem mais de 80 diferentes distúrbios do sono divididos em dois tipos principais.

Parassonias incluem interrupções ao sono como resultado de um evento anormal relacionado ao sono, como sonambulismo, ranger dos dentes ou pesadelos.

Dissomnias incluem problemas com o ciclo vigília-sono, por exemplo ter dificuldade para adormecer ou permanecer dormindo, não conseguir ficar acordado ou dormir nos horários errados.

A insônia é o distúrbio do sono mais comum - estima-se que 30% dos adultos tenham sintomas de insônia em algum momento da vida.

5-10% dos adultos têm insônia por um longo período de tempo.

Fatos aleatórios sobre sonambulismo

Acredita-se que até 15% da população é sonâmbula.

O sonambulismo envolve levantar da cama enquanto ainda está dormindo, andar sem rumo ou de outros comportamentos, como vestir roupa.

Um sonâmbulo geralmente voltará para a cama, deitará e continuará a dormir sem acordar se deixado sozinho.

Os episódios de sonambulismo podem ocorrer até 3 ou 4 vezes por semana.

O sonambulismo é muito comum em crianças. Acredita-se que entre 10-30% das crianças tenham tido pelo menos um episódio de sonambulismo e que 2-3% sonambulem com frequência.

Geralmente, um episódio de sonambulismo dura apenas alguns minutos e raramente mais do que 15, mas já houve um caso até uma hora.

O sonambulismo geralmente ocorre durante o sono profundo dos Estágios 3 e 4 do NREM.

Fatos aleatórios sobre privação de sono

Quando não dormimos o suficiente, passamos por privação de sono.

A privação parcial de sono ocorre quando dormimos menos do que o normalmente necessário.

A privação total de sono ocorre quando não dormimos nada durante um curto ou longo período.

A privação de sono afeta nossa capacidade de processar nossas emoções, entender as emoções dos outros e gerenciar nossas reações emocionais.

O recorde de tempo mais longo que alguém ficou sem dormir é de 18,7 dias.

Quando as pessoas estão privadas de sono, podem cair em um microssono. Um microssono é um período breve de até alguns segundos enquanto uma pessoa está acordada.

A privação de sono afeta nossa capacidade de prestar atenção.

A privação de sono pode afetar nossa capacidade de controlar nosso comportamento, por exemplo, ser bobagens.

É sabido que a privação de sono está ligada a taxas mais altas de lesões físicas.

A privação de sono afeta negativamente a velocidade e a precisão do pensamento.

Fatos para ajudá-lo a dormir melhor

Ter um horário regular de sono - ou seja, acordar e ir para a cama no mesmo horário todos os dias (incluindo o fim de semana) ajudará você a dormir melhor.

Evitar atividades desagradáveis, conversas e pensar em problemas antes de dormir ajudará você a dormir melhor.

Obtenha luz natural suficiente durante o dia - isso ajuda a manter seu ciclo vigília-sono e, portanto, dormirá melhor.

Fazer exercício durante o dia - preferencialmente de manhã ou pelo menos 4 horas antes de deitar ajudá-lo a dormir melhor.

Não faça atividades que causem muita excitação ou movimentação excessiva (isso inclui exercícios e jogos eletrônicos) - não ajudarão você a dormir. Na verdade, irão servir como estimulantes e dificultarão o sono.

Tirar um cochilo de mais de 30 minutos ou muito perto da hora de dormir não ajudará você a dormir melhor.

Quando você não consegue dormir, deve sair da cama e fazer outra coisa.

Fatos aleatórios sobre o sono

Após o nascimento de um filho, os pais perdem entre 400 e 750 horas de sono no primeiro ano.

As pessoas dormiam em média 9-10 horas por noite antes da invenção da eletricidade.

Hoje em dia, 30% dos adultos dorme menos de 7 horas por noite.

As pessoas têm mais probabilidade de cochilar às 2h e às 14h do que em outros horários.

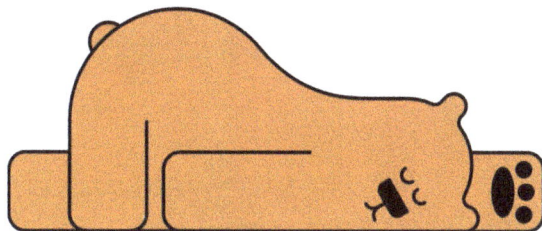

Só podemos roncar
durante o sono
NREM.

Quase tudo o que
sabemos sobre o sono
foi descoberto nos
últimos 50 anos.

Adultos que dormem
regularmente menos
do que 7 horas por
noite têm mais
probabilidade de ficar
doentes do que
aqueles que dormem
mais de 7 horas por
noite.

O sono muda com a
idade. O tempo que
passamos dormindo
diminui gradualmente à
medida que
envelhecemos.

Outros fatos aleatórios sobre o sono

De acordo com a NASA (sim, as pessoas do espaço), o cochilo perfeito dura exatamente 26 minutos.

As pessoas não conseuem espirrar enquanto dormem -

Pesquisas descobriram que contar carneiros não é uma maneira eficaz de adormecer. Parece ser muito chato; imaginar uma paisagem calma funciona melhor.

A maioria das pessoas queima menos calorias enquanto assiste TV do que quando está dormindo.

Usar dispositivos eletrônicos duas horas antes de dormir pode afetar seu sono. Esses emitem luz azul que engana seu cérebro fazendo-o pensar que é dia.

Os humanos são os únicos mamíferos que adiam voluntariamente o sono.

Enquanto estamos dormindo, o cérebro filtra seletivamente os ruídos que podem nos acordar enquanto dormimos - especialmente os ruídos que não sugerem que estamos em perigo.

Ainda mais fatos aleatórios sobre o sono

São necessário 7 minutos para uma pessoa adormecer em média.

Cada filho adicional em uma casa aumenta o risco de uma mãe ficar privada de sono em 46%.

Pessoas que perdem a visão tarde na vida continuam vendo em seus sonhos.

Para proteger os penteados sofisticados, os antigos egípcios abastados dormiam com suportes desconfortáveis para o pescoço e não travesseiros.

Antes de os despertadores terem sido inventados, as fábricas usavam pessoas para bater nas janelas dos quartos de seus trabalhadores com um bastão, que chegavam ao trabalho na hora certa.

A somnifobia é o medo de adormecer.

A oneirofobia é o medo de pesadelos ou sonhos.

A clinomania é o impulso irresistível de ficar na cama o dia todo, enquanto a disania é a palavra para aquela sensação quando você acabou de acordar e não quer sair da cama.

Fatos aleatórios sobre o sono animal

Os coalas podem dormir de 18 a 20 horas todos os dias.

Os caracóis podem dormir por três anos seguidos.

As girafas podem se dar ao luxo de dormir em média menos de 2 horas por noite.

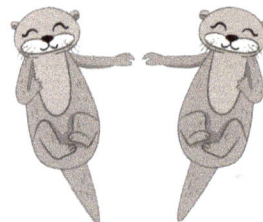

As lontras marinhas dormem de mãos dadas para não se afastarem sentre si.

Vacas e outros animais com cascos dormem em pé.

Preguiças e morcegos dormem pendurados de cabeça para baixo.

z z z

Animais noturnos como gambás e vombates dormem durante o dia.

Quando baleias e golfinhos dormem, apenas metade do cérebro descansa de cada vez para que possam subir à superfície para respirar.

Os gatos dormem 70% da sua vida.

37

Outros Títulos na Série
Fatos Aleatórios

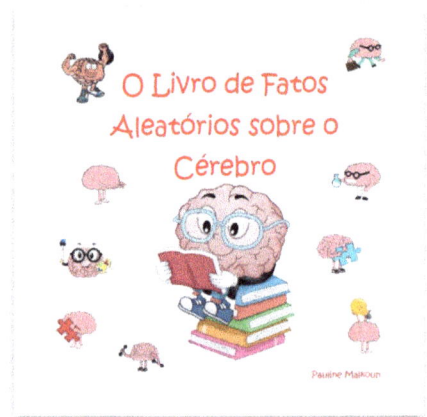

O Livro de Fatos Aleatórios sobre Aviões

Pauline Majkoun

STOP O Livro de Fatos Aleatórios sobre Carros

Mark Majkoun

Pauline Majkoun

O Livro de Fatos Aleatórios sobre o Cérebro

Pauline Majkoun

O Livro de Fatos Aleatórios sobre o Espaço

Pauline Majkoun

O Livro de Fatos Aleatórios sobre Linguagem

Pauline Majkoun

www.ingramcontent.com/pod-product-compliance
Lightning Source LLC
Chambersburg PA
CBHW080428030426
42335CB00020B/2641